BEI GRIN MACHT SICH IHR WISSEN BEZAHLT

- Wir veröffentlichen Ihre Hausarbeit, Bachelor- und Masterarbeit
- Ihr eigenes eBook und Buch - weltweit in allen wichtigen Shops
- Verdienen Sie an jedem Verkauf

Jetzt bei www.GRIN.com hochladen und kostenlos publizieren

Bibliografische Information der Deutschen Nationalbibliothek:

Die Deutsche Bibliothek verzeichnet diese Publikation in der Deutschen Nationalbibliografie; detaillierte bibliografische Daten sind im Internet über http://dnb.d-nb.de/ abrufbar.

Dieses Werk sowie alle darin enthaltenen einzelnen Beiträge und Abbildungen sind urheberrechtlich geschützt. Jede Verwertung, die nicht ausdrücklich vom Urheberrechtsschutz zugelassen ist, bedarf der vorherigen Zustimmung des Verlages. Das gilt insbesondere für Vervielfältigungen, Bearbeitungen, Übersetzungen, Mikroverfilmungen, Auswertungen durch Datenbanken und für die Einspeicherung und Verarbeitung in elektronische Systeme. Alle Rechte, auch die des auszugsweisen Nachdrucks, der fotomechanischen Wiedergabe (einschließlich Mikrokopie) sowie der Auswertung durch Datenbanken oder ähnliche Einrichtungen, vorbehalten.

Impressum:

Copyright © 2014 GRIN Verlag
Druck und Bindung: Books on Demand GmbH, Norderstedt Germany
ISBN: 9783668914759

Dieses Buch bei GRIN:

https://www.grin.com/document/460923

Swantje Weuffen

Der institutionenkundliche Ansatz in der politischen Bildung

GRIN - Your knowledge has value

Der GRIN Verlag publiziert seit 1998 wissenschaftliche Arbeiten von Studenten, Hochschullehrern und anderen Akademikern als eBook und gedrucktes Buch. Die Verlagswebsite www.grin.com ist die ideale Plattform zur Veröffentlichung von Hausarbeiten, Abschlussarbeiten, wissenschaftlichen Aufsätzen, Dissertationen und Fachbüchern.

Besuchen Sie uns im Internet:

http://www.grin.com/

http://www.facebook.com/grincom

http://www.twitter.com/grin_com

Inhalt

1. Einleitung 2

2. Die Distanz zwischen Lernstoff und Adressat 2

3. Mehrdimensionalität als Bindeglied 3

4. Die Dimensionen der politischen Realität 4

5. Interdependenz der Politik im Fokus des Unterrichts 5

6. Herausbildung eines Deutungs- und Ordnungswissens 6

    6.1 Didaktische Struktur 6

    6.2 Strategien zur Reduktion der Distanz 7

7. Zwei Perspektiven des Institutionenbegriffs 8

8. Beispiel für die unterrichtspraktische Umsetzung 9

    8.1 Planspiel „Industrieansiedlung oder Sportanlage"? 9

    8.2 Außerschulischer Lernort: Kreistagssitzung 10

9. Fazit 11

Literaturverzeichnis 12

1. Einleitung

Oft ist sie das, was viele Schüler mit dem Politikunterricht verbinden: die Institutionenkunde. Vielfach kritisiert und doch nicht aus dem deutschen Bildungssystem wegzudenken, spaltet sie die Gemüter. Das Ziel des Politikunterrichts in der Schule sei die Befähigung und Aktivierung der jungen Menschen zum Bürgersein, wird vielfach so schön gesagt. Doch was bedeutet das überhaupt? Dieser Frage stellt sich die vorliegende Arbeit und wird dabei einen modernen Ansatz vorstellen, wie Institutionenlehre tatsächlich Schülerinnen und Schüler zum eigenen politischen Handeln motivieren und heranbilden kann. Dieser Ansatz zeichnet sich besonders dadurch aus, dass er eine Brücke zwischen der Alltagswelt der Lernenden und der Politik herstellt. Zunächst wird das Problem der Distanz zwischen dem Lerner und dem Lernstoff beleuchtet und anschließend der institutionenkundliche Ansatz in seinen verschiedenen Teilaspekten näher vorgestellt. Aufbauend auf der theoretischen Grundlage der Arbeit wird abschließend ein Praxisbeispiel für die Umsetzung im Unterricht gezeigt.

2. Die Distanz zwischen Lernstoff und Adressat

Ein großes und allseits bekanntes Problem des Politikunterrichts in der Schule ist die Distanz zwischen dem zu vermittelnden Lernstoff und der Alltagswelt der Lernenden. Die geringe Wahlbeteiligung, gerade bei Jungwählern, und Umfragen wie die Shell-Studie machen deutlich, dass sich viele junge Menschen nicht für Politik interessieren (vgl. Robert-Bosch-Stiftung). Die Politik scheint ihnen fremd, es herrscht eine große Distanz zwischen der Alltagswelt der Jugendlichen und dem politischen Geschehen, viele Jugendliche glauben, auf die Politik keinen Einfluss nehmen zu können, sehen sie als etwas Unveränderliches an und verweigern ihre Beteiligung. Politische Bildung soll (junge) Menschen aus dieser pessimistisch statischen Rolle herausführen und ihnen ihre Beteiligungsmöglichkeiten aufzeigen und nutzbar machen. Neben der primären Sozialisation kommt in der Familie kommt vor allem dem Politikunterricht in der Schule hier eine entscheidende Rolle zu, da dort Grundsteine für das theoretische Fundament gelegt werden, das für das Bürger sein notwendig ist. Die Shell-Studie von 2010 zeigte, dass seit 2002 die Wahlbeteiligung junger Menschen im Alter von 18 bis 33 Jahren gesunken und das Vertrauen in politische Parteien und Vertreter relativ gleichbleibend gering ist. Interessant ist aber, dass der Begriff Demokratie eine positive Wertschätzung der Befragten erfährt (vgl. LVR Dezernat Jugend 2010). Dies muss sich die politische Bildung nutzbar machen.

3. Mehrdimensionalität als Bindeglied

In der modernen Politikdidaktik geht es zentral darum, ein Bindeglied zu schaffen, das in der Alltagswelt der Jugendlichen ansetzt und diese dort gewissermaßen abholt, um sie dann mitzunehmen in die Welt des demokratischen Bürgerdaseins. Die moderne Didaktik orientiert sich stärker an der Lebenswirklichkeit der Schüler. Dabei muss auch die so genannte „alte" Institutionenkunde transformiert werden. Denn bei der traditionellen Institutionenkunde in der Schule müssen Schüler den „Stoff Institutionen" lernen. Bei dieser Art der politischen Bildung wird jedoch lediglich eine Dimension der Institutionen, nämlich die normative, die die rechtlichen Regelungen betont, in den Fokus gestellt (vgl. Deichmann 2013: 86). Die moderne Institutionenkunde fragt auch nach der Bedeutung der jeweiligen Institution für den Lerner und stellt das Zusammenspiel von Institution und Alltagswelt der Lernenden heraus. Hier soll die Vielschichtigkeit und die Mehrdimensionalität der sozialen und politischen Realität herausgestellt werden (vgl. ebd.: 87). Dies ist wichtig, damit die Lernenden ihre eigene Bedeutung für die Gesellschaft erkennen und das Politische in ihrer Alltagswelt entdecken. In der Schule soll nicht mehr nur die normative Dimension der Institutionen vermittelt werden. Es geht darum, die Mehrdimensionalität zu betonen, die jede Institution auch unweigerlich mit dem Alltagsleben der Schüler in Verbindung kommen lässt. Einzelne Phänomene einer Institution sollten im Unterricht in ihrer Eingebundenheit in subjektive und systemische Strukturen betrachtet werden (vgl. Massing 2010: 120 f.). Es geht darum, den Schülern das Zusammenspiel und die Interkonnektivität der verschiedenen Dimensionen zu verdeutlichen. Durch die Betonung der subjektiven Dimension der jeweiligen Institution soll Nähe zur subjektiven Realität des Lernenden hergestellt werden und durch das eigene Betroffensein ein für die politische Bildung notwendiges Interesse erzeugt werden, aus dem heraus die Vielschichtigkeit der Institution betrachtet wird. Das Ziel ist eine hermeneutische Politikdidaktik, die die verschiedenen Dimensionen der politischen und sozialen Realität abbildet. Der institutionenkundliche Ansatz nach Deichmann knüpft dabei stark an wissenssoziologische und interaktionstheoretische Ansätze an (vgl. Deichmann 2013: 87).

4. Die Dimensionen der politischen Realität

Die moderne Institutionenkunde wird nach Deichmann auch als *mehrdimensionale Institutionenkunde* bezeichnet (vgl. Deichmann 1996: 17). In der mehrdimensionalen Institutionenkunde wird die behandelte Institution aus der Perspektive von drei Dimensionen betrachtet, der subjektiven Dimension, der Dimension der gesellschaftlichen und politischen Objektivationen und der Dimension der regulativen Ideen (vgl. Deichmann 1996: 18). Die subjektive Dimension meint die individuellen subjektiven Einstellungen, subjektiven Norminterpretationen und subjektive Interpretation der Bedürfnisse und Interessen des Einzelnen. Es sind die Interpretationen des Einzelnen darüber, was für das gesellschaftliche Zusammenleben wichtig ist. Diese subjektiven Interpretationen lassen dem Einzelnen seine Alltagswelt sinnvoll erscheinen und bestimmen sein Handeln. Das eigene Handeln in der Alltagswelt ist aber immer auch von dem Handeln Anderer beeinflusst. Diese Intersubjektivität zeigt sich in einer „Allgemeinheit der Interessen" (Deichmann 2013: 87), aber auch in unterschiedlichen Interessen und Interpretationen, die zu Konflikten führen können (vgl. Deichmann 1996: 18; 2013: 87).

Die Dimension der gesellschaftlichen und politischen Objektivationen beschreibt außerweltlich vorfindbare und beschreibbare Strukturen. Dabei handelt es sich um „Objektivationen des subjektiven Willens" (Deichmann 2013: 87). Gemeint ist die Bündelung von subjektiven Interessen und die Schaffung einer Objektivation, wie dies bei Institutionen der Fall ist, aber auch bei Institutionalisierungen in der Alltagswelt wie durch regelmäßige Treffen mit Freunden. Durch Beispiele aus der Alltagswelt der Jugendlichen lässt sich das Verständnis dafür herstellen, was Politik ausmacht und es zeigt den jungen Menschen, dass Politik nicht etwas Fernes ist, das sie nichts angeht, sondern sie unmittelbar in ihrem persönlichen Umfeld Politik erfahren und praktizieren.

Die Dimension der regulativen Ideen ist die dritte Dimension, die Deichmann in seinen Ansatz zur Institutionenkunde einschließt. Sie umfasst alle Vorstellungen und Regelungen, die soziales und politisches Handeln legitimieren. Beispiele wären die Verfassung, in deren Rahmen alles Handeln ablaufen muss oder die Wahrung der Menschenrechte. Die Dimension der regulativen Ideen ist die übergeordnete Dimension, in die alles Handeln und die beiden anderen Dimensionen eingebettet sind. Sie ist die Grundlage allen politischen Handelns.

5. Interdependenz der Politik im Fokus des Unterrichts

Im Unterricht soll nach Deichmann vor allem die Interdependenz, also die wechselseitige Abhängigkeit und Beeinflussung der drei Dimensionen herausgestellt werden (vgl. Deichmann 2013: 88 f.). So werden Politiker und Völker von bestimmten Interessen und Vorstellungen geleitet, wie zum Beispiel die Idee der Freiheit oder der Machterweiterung. Auch den Institutionen in der zweiten Dimension fußen auf ein bestimmtes ideelles Fundament wie die Idee der Solidarität bei den Gewerkschaften. Die Institutionen spiegeln auch gewisse Interessen wieder und bündeln diese. Es kann zum Beispiel die Frage gestellt werden, inwieweit der Bundestag die Interessen der Bürger vertritt (vgl. Deichmann 2013: 89).

Wie eingangs bereits beschrieben, geht es darum, die Distanz zwischen Politik und Alltagswelt der Lernenden aufzubrechen. Dies geschieht durch das Zusammenspiel der drei Dimensionen in der mehrdimensionalen Institutionenlehre. Die Lernenden erkennen, dass ein Zusammenhang besteht zwischen ihrer subjektiven individuellen Alltagswelt und der Politik. So sind sie als Schüler persönlich davon betroffen, dass die Kultusminister die Einführung von Oberschulen beschließen. Dazu haben sie auf der subjektiven Ebene eine Einstellung, die Beschlüsse des Kultusministeriums sind jedoch für sie bindend. Dennoch haben die Schüler die Möglichkeit, sich Vereinigungen anzuschließen und gegebenenfalls eine Gegenposition zu vertreten. Dies wäre die zweite Dimension. Alle Handlungen, das heißt sowohl der Prozess der Entscheidungsfindung wie auch die Beschlüsse selbst, müssen im Rahmen festgeschriebener Gesetze erfolgen. Auch die Opposition muss sich an die geltenden Gesetze halten. Das ist die dritte Dimension. Es ist besonders wichtig, dass die Lernenden dieses Zusammenspiel der verschiedenen Dimensionen durchschauen. So wird der Irrglaube genommen, Politik spiele sich fern des eigenen Einflussbereiches ab. Es geht darum, Schülern neben dem theoretischen Fachwissen über Institutionen und Abläufe ein generelles Demokratieverständnis zu vermitteln. Denn oberstes Ziel der politischen Bildung ist spätestens seit Oetinger, Demokratie nicht nur als Staatsform, sondern als Lebensweise zu begreifen, die durch die aktive Mitbestimmung der Bürger gekennzeichnet ist (vgl. Oetinger 1951: 85).

6. Herausbildung eines Deutungs- und Ordnungswissens

Für die aktive Teilhabe an der demokratischen Gesellschaft ist ein Verständnis über die Zusammenhänge der institutionalisierten Welt nötig. Es muss daher ein politisches Deutungs- und Ordnungswissen herausgebildet werden, das den theoretischen Hintergrund und das Fundament für das aktive Bürgersein bildet (vgl. Deichmann 2007: 148). Durch den Zugewinn an Wissen und Informationen durch Schule und Alltagswelt entwickeln die Lernenden ein politisches Deutungs- und Ordnungswissen, das immer wieder erweitert und ergänzt wird. Sie erwerben Wissen über Institutionen und Abläufe und verfügen über ein Regelwissen, das sie auf ihr eigenes Handeln übertragen können. Zudem sind die Lernenden in der Lage, politische Entscheidungsfragen zu beurteilen und diese in einen Zusammenhang mit der Alltagswelt zu bringen. Sie sind in der Lage, erworbenes Wissen für sich nutzbar zu machen und daraus Zukunftswissen und Handlungsempfehlungen zu entwickeln und ihr Wissen auf neue Situationen zu übertragen. Das Ziel ist also, das politische Deutungs- und Ordnungswissen in demokratische Kompetenzen umzuwandeln (vgl. Deichmann 2013: 90).

6.1 Didaktische Struktur

Das Problem bei vielen politikdidaktischen Ansätzen ist der Erhalt der Distanz zwischen Lernstoff und Lernenden. Ein beliebter Ansatz ist der problemorientierte Ansatz. Hier wird anhand eines konkreten Problems das Wissen über eine Institution vermittelt. Die Distanz zwischen Inhalt und der Alltagswelt der Lernenden bleibt hierbei bestehen, da die Lernenden das politische Problem zwar unter Umständen als interessant wahrnehmen, es für sie aber etwas fremdes bleibt, das sich in anderen räumlichen, sachlichen und sozialen Bezügen abspielt (vgl. ebd.). Die mehrdimensionale Institutionenkunde gliedert sich in drei didaktische Ebenen auf, um die Distanz zwischen Politik und Alltagswelt der Jugendlichen aufzuheben. Auf der ersten didaktischen Ebene werden die Emotionen der Lernenden angesprochen. Es geht um das eigene Erleben von Institutionalisierung. Durch die emotionale Verbindung zum Thema setzt sich der Lernende bewusst mit der Bedeutung, die die jeweilige Institution für ihn persönlich hat, auseinander. Es wird automatisch Nähe hergestellt. Auf der zweiten didaktischen Ebene wird die rationale Verbindung zur Institution hergestellt. Die Lernenden betrachten Institutionen in Hinblick auf Machtaspekte und Interessenrealisierung und analysieren das Verhältnis von regulativen Ideen zu den Regeln, die sie aus ihrer Alltagswelt kennen. Auf der dritten didaktischen Ebene geht es um die individuelle Alltagswelt als Aspekt der politischen Ordnung. Hier erkennen die Lernenden, dass sie in ihrem Alltag in Schule und Freizeit Politik erfahren und von politischen Entscheidungen und Interessensverfolgungen betroffen und in diese involviert sind (vgl. Deichmann 2013: 91). Es geht bei den drei didaktischen Ebenen darum, Politik und politische Institutionen für die Lernenden greifbar zu machen. Sie sollen die persönliche Betroffenheit von der Politik erkennen und durch das erworbene Deutungs- und Ordnungswissen ihren eigenen aktiven Standpunkt in ihrem persönlichen Alltag finden und verfolgen.

6.2 Strategien zur Reduktion der Distanz

Verschiedene Unterrichtsstrategien können helfen, die Distanz zwischen Politik und Lernenden zu reduzieren. Neben den oben genannten drei didaktischen Ebenen ist vor allem das aktive Eingebunden sein der Lernenden von zentraler Bedeutung. Dies geht einher mit der Aktivierung der emotionalen Brücke auf der ersten didaktischen Ebene. Die Lernenden sollten sich bewusst mit der Institution auseinandersetzen. Um die Distanz nicht nur kognitiv, sondern auch räumlich aufzuheben, bieten sich hier außerschulische Lernorte an. Sie bieten den Lernenden einen authentischen Einblick in den Aufbau und Abläufe von Institutionen und sprechen neben der kognitiven Ebene in der Schule vor allem die emotional-affektive Ebene an, die das Lernen zu einem Lernerlebnis werden lassen. Die Eindrücke vor Ort, das Befragen von Repräsentanten und Mitarbeitern der im Unterricht behandelten Institutionen schaffen eine große emotionale Nähe und steigern das Interesse der Lernenden (vgl. Juchler 2013: 1 f.). Nicht immer ist der Besuch des Bundestages möglich, wenn die räumliche Entfernung schlicht zu groß ist. Viele Handlungsabläufe und Regelungen zeigen sich aber in kleinerer Form auch im Rathaus oder Gemeindeheim vor Ort und können nach dem Besuch auf die größere Institution Bundestag übertragen werden. Weiter gibt es die Möglichkeit, Ausstellungen zu besuchen, bei denen die Lernenden ihr bereits vorhandenes Wissen selbsttätig erweitern und individuelle Interessensschwerpunkte selbständig verfolgen können.

Für den Unterricht im Klassenzimmer bieten sich Simulationen politischer Handlungen in Plan- und Rollenspielen an. Dabei schlüpfen die Schülerinnen und Schüler selbst in die Rolle der politischen Akteure. Hier nimmt ein Teil der Lernenden die Perspektive der politischen Vertreter ein, der andere Teil vertritt Akteure aus der Alltagswelt der Lernenden. Dadurch kann das Zusammenspiel zwischen der eigenen bekannten Welt und der noch fremd scheinenden Welt der Politik von den Lernenden selbst erfahren werden. Für die Behandlung im Klassenzimmer eignet sich außerdem die Thematisierung von persönlicher Betroffenheit von politischen Entscheidungen. Dabei können beide Perspektiven, die der Lernenden und die der Politik, betrachtet und miteinander in Beziehung gesetzt werden. In einer Diskussion kommen dann die verschiedenen Interessen und Beweggründe zutage, die zu einer bestimmten Haltung oder Entscheidung geführt haben. Auf diese Weise können politische

Entscheidungen zurückverfolgt oder Ausblicke für die Zukunft gewagt werden (vgl. Deichmann 2013: 93). Dies bietet sich weniger für eine Einzelstunde, als vielmehr für eine Unterrichtsreihe an, in der die einzelnen Schritte der Entscheidungsfindung nachvollzogen werden können. Mögliche Beispiele wären das Turboabitur, Inklusion oder die Einführung von Ganztagsschulen. Bei der Bearbeitung werden neben Pro und Kontra-Argumenten vor allem auch die Frage geklärt, welche Kompetenzen und Entscheidungsinstanzen es gibt, wer für die Entscheidung verantwortlich ist und ob Änderungsbedarf bei der aktuellen Verfahrensweise besteht (vgl. ebd.: 94 f.).

7. Zwei Perspektiven des Institutionenbegriffs

Die oben beschriebenen Strategien zur Überwindung der Distanz zwischen der Alltagswelt der Lernenden und der Politik sind angelehnt an zwei Perspektiven des Institutionsbegriffs. Institutionen können sowohl als Interaktionensystem als auch als formale Organisation betrachtet werden (Deichmann 2013: 93). Betrachtet man Institutionen als Interaktionssystem, rücken vor allem die interpersonalen Beziehungen in den Vordergrund. Das Aushandeln der Rollen, die wechselseitige Rollenwahrnehmung, der Versuch von Einflussnahme auf Andere. Diese Faktoren finden hier Berücksichtigung und können im Unterricht durch Simulationen und Planspiele eingebracht werden. Hier kommt die Interaktionsperspektive besonders deutlich zum Ausdruck, da die Lernenden selbsttätig in ihrer jeweiligen Rolle mit ihren Mitschülern agieren und politisch handeln. Aber auch in Diskussionen lässt sich die Perspektive des Interaktionssystems herausstellen. Die Schülerinnen und Schüler diskutieren miteinander, verhandeln, legen ihre Standpunkte dar und versuchen, zu einer Einigung zu kommen. Hier wird deutlich, dass unterschiedliche Interessen die beteiligten Akteure leiten und die Akteure aufeinander eingehen müssen, damit es zu einer konstruktiven Diskussion und einer Einigung überhaupt kommen kann.

Werden Institutionen als formale Organisation betrachtet, liegt der Fokus vor allem auf formalen Abläufen wie Machtverteilungen, Arbeitswegen und bestimmten festgelegten Verfahrensweisen. Die formale Perspektive und die Perspektive der Institution als Interaktionssystem ergänzen sich gegenseitig. Denn es gibt bestimmte Rollenerwartungen an Vertreter in politischen Institutionen, diese können nur so handeln und mit anderen Akteuren agieren, wie es ihnen nach formaler Regelung erlaubt ist und wie die Arbeitswege organisiert sind. Die Betrachtung von Institutionen aus lediglich einer der beiden Perspektiven wird dem Ansatz der mehrdimensionalen Institutionenkunde nicht gerecht. Es müssen beide

Perspektiven Betrachtung finden, damit die Lernenden die Interdependenz beider Bereiche erkennen und die Vielschichtigkeit der Institution erfahren, mit ihren drei Dimensionen.

8. Beispiel für die unterrichtspraktische Umsetzung

Der Ansatz der mehrdimensionalen Institutionenkunde lässt sich auf vielerlei Arten in den Politikunterricht integrieren. Dies kann beispielsweise in Form eines Planspiels erfolgen. Wie an anderer Stelle bereits ausgeführt, zeichnen sich Planspiele besonders dadurch aus, dass in ihnen die Situation für die Schüler unmittelbar erfahrbar wird. Sie versetzen sich dabei in die Rolle eines beteiligten Akteurs und vertreten dessen Position. Dies erfordert zwangsläufig eine Auseinandersetzung mit dem nachgestellten Problem. Die im Planspiel simulierten Prozesse lassen sich auf die Realität übertragen. So erhalten die Schülerinnen und Schüler einen direkten Eindruck von der Arbeit der Institution und der beteiligten Akteure (vgl. Deichmann 2013: 97).

8.1 Planspiel „Industrieansiedlung oder Sportanlage"?

Bei dem Planspiel „Industrieansiedlung oder Sportanlage" handelt es sich um einen kommunalpolitischen Konflikt, bei dem über die Verwendung eines großen Baugebietes entschieden werden muss. Es liegen dazu sowohl ein Antrag des örtlichen Sportvereins vor, der dort neue Trainingsanlagen errichten möchte, als auch ein Antrag des alteingesessenen Metallunternehmens, das dort Arbeitsplätze schaffen und sein Betriebsgelände erweitern möchte. Die Lerngruppe wird in verschiedene Gruppen eingeteilt, sodass es Vertreter der im Stadtrat vertretenen Parteien, sowie der beteiligten Akteure des Sportvereins und des Metallunternehmens, Vertreter der örtlichen Presse und der Landesregierung, einen Bürgermeister und einige Bürger, Anwohner und Mitglieder einer Bürgerinitiative gibt.

Das Planspiel verläuft in zwei Phasen. Zunächst rekonstruiert die gesamte Lerngruppe den Willensbildungsprozess von der Beantragung des Baugrundstückes bis zur Stadtratssitzung. In der zweiten Phase setzen sich die einzelnen Gruppen zusammen und versuchen, die Entscheidung zu ihren Gunsten zu beeinflussen. Dabei können sie sich verschiedener Mittel bedienen, um den Stadtrat zu einer Entscheidung zu ihren Gunsten zu bewegen. Es können Bürger für die eigene Position gewonnen oder in der Presse Stimmung gegen den Gegner gemacht werden. Dem Einfallsreichtum der Schülerinnen und Schüler wird nur durch die geltenden Gesetze und normativen Regelungen der Dimension der regulativen Ideen ein Rahmen gegeben. Die Lernenden arbeiten intensiv an ihrer Position. Abschließend findet die Sitzung statt (vgl. Deichmann 2013: 97 ff.). Bei der simulierten Stadtratssitzung wird es in der

Regel eine Kompromisslösung geben. So ist zum Beispiel eine Einigung denkbar, bei der ein zweites Baugrundstück gleicher Größe an einem anderen Ort der Stadt zur Verfügung gestellt wird.

8.2 Außerschulischer Lernort: Kreistagssitzung

Für einen außerschulischen Lernort bietet sich zum Beispiel der Kreistag an. Ist der Weg zum Landtag oder zum Bundestag zu weit, kann auch ein Besuch im Kreistag für die Demokratieerfahrung wertvoll sein. Im Unterricht sollten die Lernenden auf den Besuch im Kreistag vorbereitet werden. Dabei können Erwartungen geklärt und gegebenenfalls Interessensschwerpunkte festgelegt werden. Die Lernenden sollten dabei vor dem Besuch einen individuellen Fragenkatalog erstellen, der auch persönliche Interessensfragen enthält. Der Besuch einer Kreistagssitzung sollte mit einer Führung durch den Kreistag verbunden werden. So haben die Schülerinnen und Schüler vor der Sitzung Gelegenheit, Fragen zu stellen und Unklarheiten zu klären. Die beobachtete Sitzung muss unbedingt nachbereitet und die dort beobachteten Prozesse auf die größere Institution Bundestag übertragen werden, damit deutlich wird, dass bestimmte Prozesse und Abläufe charakteristisch für die parlamentarische Arbeit sind. Im besten Fall folgt nach der Sitzung ein Gespräch mit einem Abgeordneten des Kreistages, bei dem die Lernenden ihre Eindrücke durch Fragen präzisieren können. Auch der Besuch großer Unternehmen der Region kann für eine Exkursion geeignet sein. Wichtig ist bei allen außerschulischen Lernorten aber eine intensive Vor- und Nachbereitung, damit der Besuch auch zu einem Gewinn für die Demokratiebildung werden kann und nicht als außercurriculares Ereignis unreflektiert untergeht (vgl. Juchler 2013: 2 f.).

9. Fazit

Der didaktische Ansatz der mehrdimensionalen Institutionenkunde setzt bei der Lebenswirklichkeit der Schülerinnen und Schüler an und versucht, eine Brücke zwischen der Alltagswelt der Lernenden und der Politik herzustellen. Das zentrale Moment ist die Aufhebung der Distanz zwischen den Lernenden und der Politik. Dies erfolgt durch die Schaffung persönlicher Betroffenheit der Lernenden. Sie erkennen, dass sich politisches Handeln nicht fernab ihres eigenen Lebens abspielt, sondern sie in ihrem Alltag politisches Agieren erfahren. Der mehrdimensionale Ansatz betont die Interdependenz der verschiedenen Dimensionen in ihrer Vielschichtigkeit. Das ist eine Neuerung im Vergleich zu traditionellen Ansätzen der Politikdidaktik, die oftmals lediglich eine Dimension, bei der Institutionenkunde häufig nur die normative, betonen. Für die Demokratieerziehung ist es jedoch von entscheidender Bedeutung, dass Politik für die Lernenden nicht etwas Fremdes bleibt, dass sich in anderen räumlichen und sozialen Räumen abspielt, sondern dass sie erkennen, dass sie persönlich von politischen Entscheidungen betroffen sind und auch selbst aktiv werden können. Um diese Erkenntnis zu stützen, dass das eigene Handeln Einfluss auf das Handeln anderer haben und damit auch politisch werden kann, ist es wichtig, geeignete Unterrichtsbeispiele auszuwählen. Das vorgestellte Planspiel verbindet die Lebenswirklichkeit der Schülerinnen und Schüler mit der Politik. Durch die intensive Auseinandersetzung mit den politischen Handlungsmöglichkeiten und Möglichkeiten der Einflussnahme auf andere wird den Schülerinnen und Schülern demokratisches Handeln vermittelt und die Erkenntnis vermittelt, dass durch aktives Engagement und die Zusammenarbeit mit Anderen politischer Einfluss gewonnen werden kann.

Literaturverzeichnis

Deichmann, Carl (2013): *Der institutionenkundliche Ansatz: Mehrdimensionale Institutionenkunde.* In: Deichmann, Carl und Tischner, Christian K. (2013): *Handbuch Dimensionen und Ansätze in der politischen Bildung.* Schwalbach.

Deichmann, Carl (2007): *Politisches Bewusstsein und politische Bildung.* In: Lange, Dirk und Himmelmann, Gerhard (Hrsg.) (2007): *Demokratiebewusstsein. Interdisziplinäre Annäherungen an ein zentrales Thema der politischen Bildung.* Wiesbaden.

Deichmann, Carl (1996): *Mehrdimensionale Institutionenkunde in der politischen Bildung.* Schwalbach.

Massing, Peter (2010): *Demokratie-Lernen – Zwischen Demokratiepädagogik und Politikdidaktik.* In: Juchler, Ingo (Hrsg.) (2010): *Kompetenzen in der politischen Bildung.* Schwalbach.

Oetinger, Friedrich (1951): *Wendepunkt der politischen Erziehung. Partnerschaft als pädagogische Aufgabe.* Stuttgart.

Internetquellen

Juchler, Ingo (2013): *Außerschulische politische Lernorte – die didaktischen Momente der Fachlichkeit, Interdisziplinarität, Authentizität, Multiperspektivität und Selbsttätigkeit.* Online unter>http://www.uni-potsdam.de/fileadmin/projects/politische-bildung/images/1_Herr_Juchler/Downloads/Juchler_Ausserschulische_pol_Lernorte.pdf< [Stand: 28.10.2013; letzter Zugriff: 30.03.2014].

LVR Dezernat Jugend (2010): *16. Shell Jugendstudie. Jugend 2010.* Online unter> http://www.lvr.de/media/wwwlvrde/jugend/service/dokumentationen/dokumente_95/jugendf_rderung/ShellStudieDieterGoebel.pdf< [Stand: 2010; letzter Zugriff: 30.03.2014].

Robert-Bosch-Stiftung (k.A.): *Jugend und Demokratie.* Online unter>http://www.bosch-stiftung.de/content/language1/html/26854.asp< [letzter Zugriff: 30.03.2014].

BEI GRIN MACHT SICH IHR WISSEN BEZAHLT

- Wir veröffentlichen Ihre Hausarbeit, Bachelor- und Masterarbeit
- Ihr eigenes eBook und Buch - weltweit in allen wichtigen Shops
- Verdienen Sie an jedem Verkauf

Jetzt bei www.GRIN.com hochladen und kostenlos publizieren